Marina Zwetajewa

Der Drang nach Haus

◆

Gedichte aus dem Exil

Ausgewählt und mit einem Nachwort
von Richard Pietraß

FRIEDENAUER PRESSE BERLIN

Aus dem Russischen von Waldemar Dege, Elke Erb,
Rainer Kirsch, Sarah Kirsch, Karl Mickel, Richard Pietraß
und Ilse Tschörtner

Für Alja

1

Wo gehn wir? Ich weiß nicht, wo du,
Wo ich? – Lied und Last sind gemeinsam.
So freund sind wir uns, ich und du!
So fremd welthin, elternlos einsam!

Und schön ists zu zwein – zwei Verwaisten,
Zwei Vögeln, Sonnsängern in Feld,
Getriebenen, kärglich Gespeisten
Vom Brosamen-Almosen der Welt.

2

Wir wandern zu zwein zu den Kirchen,
Stolzprunkenden, ländlich andächtigen,
Zu zwein, zu den Häusern – den Türchen
Der Armen, den Toren der Mächtigen.

Und einmal da sagst du und blitzt
Den Kreml an: »Kauf das!« – und stampfst.
»Er ist von Geburt dein Besitz,
Hell-schrecklicher Liebling, schlaf sanft.«

3

Und wie sich die Gräser mit Stein
Und Erz in der Erde vermählen,
So dringt in den Himmelgrund ein
Ein Augenpaar, zwei helle Höhlen.

Sybille! Was hielt dich gekettet,
Solch Los meinem Kind auszulosen?
Ist russisches Los doch: gebettet
Auf Rußland sein, Rußland! – nicht Rosen.

24. August 1918
Ilse Tschörtner

Die Muse

Kein Schutzbrief und kein Ahn
Kein Falke steht ihr bei.
Sie geht – in ihrer Bahn –
Durch ihr entlegnes Reich.

Die Lider, die versengten
Bedecken goldnen Brand.
Genommen – und vergessen
Von windgerauhter Hand.

Der Rock in falscher Höhe
Die Bastschuh – halb zerpflückt.
Nicht gut, doch auch nicht böse
Nur ganz für sich: entrückt.

Kein Weinen, keine Klage:
Ihr Liebster – wer sie überwand!
Gegeben und vergessen
Die windgerauhte Hand.

Vergessen – und verstreut
Als Kehllaut, Adlerruf ...
Bewahr sie Gott, die treu
Und ferne, ferner ruft!

19. November 1921
Richard Pietraß

Die Wehen beginnen zu weichen

Für Ehrenburg

Die Wehen beginnen zu weichen
Bald Zeit, auseinanderzugehn.
Leb wohl, Schneewirbelhäuschen
Und Gurren – angenehm.

Reich der mürrischen Spindel
Der Wölfe – Feuereifer.
Turmhohe Bojarenwehe
Vererbte Adelsleiter

Aus weißen Quadern, Obdach
Für Schwester und Brüderchen ...
Die Wehen beginnen zu weichen
Bald Zeit, auseinanderzugehn.

Ach, Hangen, Bangen, gegangen
Weit ist das Tor – weit!
Leb wohl, Schnee des Waisenwinters
Geschenkte Üppigkeit!

Leb wohl, du Spur ins Fremde
Weiße Adlersuite
Leb wohl, verschneite Sünde
Vom Schnee neu reingeglüht.

Bucklige Buckelkamelchen
Lebt wohl, ans Haus gewöhnt!
Die Wehen beginnen zu weichen
Bald Zeit, auseinanderzugehn.

Die Armut liebt ihn – lang
Den Lenztag, hell und groß
Umstürmt der Schnee uns sanft
Sind wir nicht heimatlos!

Tagsüber knabbert Stumpfsinn
Eisbonbons und Zapfen.
Scherben, Gesudel, Getrenntsein
Gemetzel, Schinders Namen.

Der Tag – gurtlang, die Nacht – am Bleichen:
Nichts anfangen, nichts drehn ...
Die Wehen beginnen zu weichen
Bald Zeit, auseinanderzugehn.

Beidhändig packe ich – beide:
Nun – reiß ich mich nicht los?
Beidhändig – die Spuren schneiden –
O Perlen, teure unterm Troß.

Entzaubert und entfrostet
Der Weg – den Bächen versprochen.
Freund! Davon sind meine Orakel
Durch steile Wehenschollen ...

Acht nicht der Tränenteiche:
Wasser – laß es geschehn!
Wenn die Wehen schon weichen
Ists Zeit, auseinanderzugehn!

12. März 1922
Richard Pietraß

An Berlin

Der Regen lindert den Schmerz.
Ich schlafe bei rollenden Läden.
Den zuckenden Asphalt entlang
Hufe – wie Beifallsfontänen.

Gut gelebt und hingeschmolzen.
In morgenroter Verlassenheit
Erbarmtet ihr euch, Kasernen
Der märchenhaftesten Waisen!

Berlin, 10. Juli 1922
Richard Pietraß

Берлину

Дождь убаюкивает боль.
Под ливни опускающихся ставень
Сплю. Вздрагивающих асфальтов вдоль
Копыта – как рукоплесканья.

Поздравствовалось – и слилось.
В оставленности златозарной
Над сказочнейшим из сиротств
Вы смилостивились, казармы!

Morgendämmerung überm Gleis

Noch eh der Tag aufsteht
In fahler Leidenschaft,
Errichte, aus Sumpf und Schwellen,
Ich Rußland aus meiner Kraft.

Aus Sumpf – und Sondenpfählen,
Aus Sumpf – und Siechgrau der Welt.
Noch eh der Tag aufsteht,
Der Wärter die Weichen stellt.

Der Nebel ist noch mild.
Noch Ruhe vor den Hämmern
Hat der verhüllte Granit.
Die dunklen Schachfelder dämmern ...

Aus Sumpf – und Silberschwarm ...
Aus schillernden Lügenquellen
Brilliert der rabene Stahl –
Und Moskau jenseits der Schwellen!

So, unterm Starren der Augen –
Ins Körperlose geweitet –
Hat sich Rußland, schaut nur!
Dreifahnig ausgebreitet.

Und ich entrolls noch mehr:
Auf unsichtbaren Gleisen
Lasse ich, über den Sumpf,
Waggons mit Gebrannten reisen:

Рассвет на рельсах

Покамест день не встал
С его страстями стравленными,
Из сырости и шпал
Россию восстанавливаю.

Из сырости – и свай,
Из сырости – и серостп.
Покамест день не встал
И не вмешался стрелочник.

Туман еще щадит,
Еще в холсты запахнутый
Спит ломовой гранит,
Полей не видно шахматных ...

Из сырости – и стай ...
Еще вестями шалыми
Лжет вороная сталь –
Еще Москва за шпалами!

Так, под упорством глаз –
Владением бесплотнейшии –
Какая разлилась
Россия – в три полотнища!

И – шире раскручу:
Невидимыми рельсами
По сырости пущу
Вагоны с погорельцами:

Mit den für immer Verbannten,
Für Gott, die ganze Erde!
(Ihr Signum: Vierzig Mann
Und acht – acht Pferde.)

So, umstellt von Schwellen,
Salutiert die Schranke der Ferne.
Aus Sumpf und Eichenschwellen,
Aus Sumpf – und Suchlaterne;

Noch eh der Tag aufsteht
In fahler Leidenschaft,
Errichte – am Horizont;
Ich Rußland aus meiner Kraft!

Ohne Niedrigkeit, ohne Falsch:
Zwei Linien, die ins Ferne weisen …
Da ist es, he! Halt fest!
Auf den Gleisen, auf den Gleisen …

12. Oktober 1922
Richard Pietraß

С пропавшими навек
Для бога и людей!
(Знак: сорок человек
И восемь лошадей.)

Так, посредине шпал,
Где даль шлагбаумом выросла,
Из сырости и шпал,
Из сырости – и сирости,

Покамест день не встал
С его страстями стравленными –
Во всю горизонталь
Россию восстанавливаю!

Без низости, без лжи:
Даль – да две рельсы синие …
Эй, вот она! – Держи!
По линиям, по линиям …

Prag

Die Zeit verknäult sich, Häuser schweben,
Trotz Türschild jedes ein Phantom!
Ich schreibe dir vom Hoheleben
In dieser Stadt am Lethestrom,

Schreib von der Stadt, die aus dem Schlafe,
Sich reckend, müde noch, erwacht,
Wo zwischen Schilfkraut und Opalen
Der Tag auf Brückenbögen lacht.

Wo an den schlafenden Madonnen
Und düstren Rittern leicht beschuht
Das Volk vorüberdrängt, entronnen,
Als Überlebende des Bluts.

Die noch für Ehre und für Glauben,
Gerufen, letzte Schwerter hat.
Von ihr, die über tausend Augen
Besitzt – der Städte Ahnenstadt.

21. April 1923
Waldemar Dege

Der Dichter

1

Poet – aus Fernen führt er her die Rede.
Poet – die Rede führt ihn fort in Fernen.

Planetenschrift, der Zeichen Drift – mäandernd
die Gleichnis-Landfahrt ... Zwischen Ja und Nein –
vom Glockenturm sich schlagend – zwingt des andern
Tons Bogen er ... Kometen-Flug heißt sein

Spazierpfad. Glieder, aus der Reih gerissen
der Gründe, heißt – verbunden! Blickt empor,
verzweifelt! Seiner Sonnen Finsternisse
sieht kein prognostischer Kalender vor.

Er ist's, der durcheinanderwirft die Karten,
Er, der Gewicht und Zählung fälscht und Geld,
Er ist's, der aus der *Schulbank* Fragen startet,
Der Kant aufs Haupt schlägt, auf den Kopf ihn stellt.

In Kerker eingesargt, entfaltet
baum-schön des Baumes Bildnis er ...
er, dessen Spuren immer kalt sind,
er ist der Zug, der abfährt, leer,
den jedermann versäumt ...
Kometen-Flug,

Poeten-Flug: er brennt, doch ohne Wärme,
pflückt ab, doch zieht nicht auf – er sprengt, bricht ein!
Die Bahn, gekrümmt, geschweift, Poet, dein Schwärmen
trägt kein prognostischer Kalender ein!

8. April 1923
Elke Erb

2

Sie sind, die übrig sind, erläßlich
(und der Gesichtskreis schließt sie aus),
nicht aufzählbar für euer Welt-Adreßbuch;
das Abfalloch ist ihnen – Haus.

Sie sind die nackt Gebliebenen, Verjagten,
stumm euch wie Mist, und wortlos – Vieh,
sind eurem seidenen Saum – ein Nagel!
Den Räderwurfdreck ekeln sie.

Sie treten in den Schein, nicht in Erscheinung.
(Ihr Signum: Lepraschuppen, Grind!)
Die Welt hat Hiobs, die des Armen einen
Jobs arme Neider sind:

Poeten – wir – auf Parias das Reimwort!
Und über ihre Ufer-Wand
aufsteigend: Gott den Göttinnen entreißen!
Die Jungfrau aus der Götter Hand!

22. April 1923
Elke Erb

3

Sagt schon, was bleibt mir Stiefbalg und Blinden
In einer Welt, die Augen und Väter bescheint,
Wo über Flüche, wie Straßen, hinweggeht
Das Grauen! Erkältet gilt, der weint!

Sagt schon, was bleibt durch Rippe und Schicksal!
Sängerin! Wie Trunksucht! Sibirien! Brand!
Brücken sind meine Gesichte! Gewichtlos,
Wo Wägstücke lauern in jeder Hand.

Sagt schon, was bleibt mir Sängerin und Ersten
In einer Welt, die grau ihr Schwarz vergaß!
Wo Einfälle in Thermosflaschen krepieren!
Maßlosigkeit in einer Welt nach Maß?!

22. April 1923
Richard Pietraß

Poem der Vorstadt

Aber solange im Ruhm, dem Flugsand
Der Mund mir nicht verdorrt,
Werde ich singen Brücken und Stadtrand,
Werde ich singen den einfachen Ort.

Und solange die Krüppel-Bosheit
Nicht mich hat in das Netz gelockt,
Sing ich hervor die schwierigste Note,
Lebenden Laut aus dem letzten Loch.

Der Fabrikschlote Gram.
Die Blumenkohlköpfe.
Den Spaten, den Span.
Der Bartlosen Schöpfe.

Kein Datum, ein Tag.
Das Elend einer Buche.
Der Mensch kein Ornat.
Das Leben roch blutig.

Verschwitzte und Klötze.
Verschwitzte und Spillrige.
»Und auf den Platz jetzt!?«
Wie mans auf Bildern sieht –

Wie auf den Leinwänden
Nur – und in Oden:
Nichtbärte, schreiende,
Und Arbeitslose.

Hades? Und Eden
Jedem, der Garten
Für Weiber, Soldaten,
Kecke Kröten,
Streunende Tölen.

»Das Paradies – mit Krawall?
Und Faustschlag?
Ohne Austern?
Ohne Kristall?

Mit gestopften Socken?«
Grundlos erschrocken:
Eines jeden
Eden bleibt Eden.

Hier ist Leidenschaft, ausgedörrt, heiser:
Zündschnur im Land.
Hier schlagen oft Flammen wie durch Reisig:
Die Vorstadt in Brand!

Hier ist Haß ohne Hinsehn und Hemmung:
Heimzahlungs-MG!
Und oft flutet hier Überschwemmung:
Die Vorstadt auf See!

Hier weint man. Von Zetern und Orgeln
Wird der Magen hier wach.
Die Knaben hier unter Eskorte
Zwitschern: Dumm wie die Nacht!

Hier zahlt man! Mit Gott hier und Teufel,
Mit Buckel und bar.
Von sich singt die Jugend verzweifelt
Am eigenen Sarg.

Hier Mütter, das Kind erdrückend ...
(Vor-Stadt-Sand, -Kreuz, -Brücken!)
Für Schnaps ihre Jüngste verkauft ...
Väter ...
– Brennesselkreuze, Kraut ...

– Laß sein.
– Verzeih.

23. April 1923
Elke Erb

* * *

Zu früh – um nicht zu sein!
Zu früh – um nicht zu brennen!
Zärtlichkeit! Grausame Pein
Der jenseitigen Treffen.

Wie tief ich mich auch schmieg –
Der Himmel – ein bodenloses Faß!
Für Liebe dieses Zuschnitts
Gehts nicht ohne Wunden ab!

Eifersucht schürt das Leben!
Gepriesen seien die Stiche
Ins Herz! Will zurücktreten
Das Gras – vom Recht auf die Sichel?

Heimliche Sucht der Halme ...
Sproß um Sproß seufzt: »Brich ...
Bis zum fetzletzten Lappen
Verteilte meine Wunden ich!

Verblute – solange du nicht anlegst
Die Naht mit eigner Hand –
Zu früh für die eisigen Schollen
Des jenseitigen Lands!

19. Juni 1923
Richard Pietraß

Versuch einer Eifersucht

Und wie lebt sichs mit der andern –
Leichter doch? Ein Ruderschlag –
Und als Uferlinie schwand
Eilig die Erinnerung an

Mich, die ferne schwimmende Insel
(Über den Himmel – nicht auf dem Fluß!)
Seelen, Seelen! – Nicht Geliebte.
Schwestern werden sollt ihr nun!

Und wie lebt es sich bei einer
Einfachen? Der Götter los?
Da vom Traum die Herrscherin
Ist gestürzt (sie ließ den Thron) –

Wie lebt es sich – und läuft im Haushalt –
Fröstelt sichs? Wie steht sichs auf?
Mit dem Zoll unsterblicher Plattheit –
Wie, Ärmster, kommen Sie so aus?

Stockungen, das Herz, und Krämpfe –
Schluß! Ich miete mir ein Haus.
Wie lebt sichs meinem Auserwählten
Jetzt mit einer Dutzendbraut?

Eßbarer und mehr bekömmlich
Ist die Kost? Beschwer dich nicht ...
Wie lebt sichs mit einem Abbild
Für Sie, der Sinai verriet?

Wie lebt sichs mit einer Fremdem
Hiesigen? Schmeckt Ihre Rippe?
Peitscht die Scham als Götterzügel
Nicht mit Feuer Ihre Stirn?

Kurz, wie lebt sichs – und wie ist es –
Wie geht's wie stehts? Wie singt sichs? Schlecht?
Mit der Schwäre des Gewissens –
Wie, Ärmster, kommen Sie zurecht?

Und wie lebt sichs mit der Ware,
Die vom Markt kommt? Drückt der Zins?
Nach dem Marmor von Carrara –
Wie lebt sichs mit dem Mulm aus Gips?

Ganz aus einem Fels gehauen
Ist ein Gott – und glatt zerschlagen!)
Wie geht's mit einer wie hunderttausend
Für Sie, die Sie bei Lilith lagen?

Von der Marktneuheit nun, sind Sie
Satt? Für Zaubereien blind –
Lebt es sich mit einem irdischen
Weibchen *ohne* sechsten Sinn?

Auf den Kopf jetzt: sind Sie glücklich?
Nicht? In ihrer glatten Spalte –
Lebt sichs Lieber? Schwerer, wie?
Wie für mich mit einem anderen?

19. November 1924
Rainer Kirsch

* * *

Lärme nicht, Lob!
Auf Zehenspitzen
Geh, Ruhm!
                    Den Kopf
In die Hände stützen.

Stopp, Stimmengewirr!
Ruhe, herzinnen!
In den Händen die Stirn,
Sich besinnen!

Jugend: Liebeskastein.
Alter: Krankenhausbetten.
Keine Zeit, um zu *sein*,
Kein Ort, sich zu retten!

Eine Kammer, ein Loch
Ohne euch, ohne Folter!
Der Wasserhahn tropft,
Die Stühle poltern.

Malmende Zähne,
Breiiger Sang:
»Für all das Schöne,
Dichterin, Dank!«

Ich klage es jedem,
Ob nah, ob weit:
Es tut mir mein Schädel
Zuweilen so leid,

Wie Gott in der Horde!
Die Steppen? Verliese!
Erst *todstille* Orte
Sind Paradiese.

Der Verführer: ein Spott!
Der Krämer: ein Tier!
Aber: jeder ein Gott,
Gäbe er mir,

(Wie viel ist zu tun!
Zeit drängt zum Ende!
Die Stille, die Ruhe
Vier eigner Wände.

Paris, 26. Januar 1926
Waldemar Dege

Für Majakowski

1

Daß die Erde nicht krepier
An Kerlen ohne Verve,
Sei, Säugling Wolodimir:
Die ganze Welt beherrsche!

2

»Die Literarische«, ohne Frage
Nicht sie steht zur Rede, sondern Blut!
Erscheint alle sieben Tage.
Der Fortgegangene, geht's gut,

Einmal im Jahrhundert. Der Vorposten
Erschossen. Sag, Hauptstadt, was
Noch willst du hörn, welche Chose
Käm als Titel dir zupaß?

So ists doch, Freunde, sagt
Ein Tschernowe zum Miljuken:
»Wladimir Majakowski? Tja.
Ein Baß, heißt es, mit Bluse

Drumrum ...«
Ach Blut, dein Blut!
Wie sich dem Neuen befreunden,
Wenn sie seines Ersten Tod
Auf Seite zwei beleumden
(Der »Iswestija«).

3

> In einem Sarg, schlichtem dunklem Anzug
> und derben, eisenbeschlagnen Stiefeln liegt
> der größte Dichter der Revolution.
> *»Extranummer«, 24. April 1930*

In den Stiefeln, beschlagen mit Eisen,
Den Stiefeln, mit denen er nachmaß
Den nicht auf Schlichen, Zingelkreisen
Zu bezwingenden Paß –

Verschlissen glänzend wie Talmi
Im Marsch über zwanzig Jahr
Nahm er den proletarischen Sinai,
Auf dem er Gesetzgeber war.

In den Stiefeln, zweihöhlige Bleibe,
Aus Abscheu vorm Wohnungsamt –
In denen, gequälten Leibes,
Den Berg er trug – und nahm – und schalt – und sang.

In den Stiefeln, bis zum Umbruch ungebrochen,
Über des Oktobers brachen Schlag,
In den Stiefeln, beinah Taucherglocken,
Landsturmstiefeln, sauberer gesagt:

In den Stiefeln des großen Feldzugs
Gewiß, mit Donbaß-Nägeln begabt,
Trug er den Elendsberg seines Volkes
Von hundertfünfzig (Gosizdat)

Millionen … In einem Maße *Eignen*,
Wo es das zigste Jahr schon heißt:
»Nichts Eignes in den Zeilen!«
Aller Völker Elendsberg – hier der Beweis!

In diesen also – von seinen Amischlitten
Ist das Getuschel nicht verstummt –
Rief der Tote den Pionieren. Angetreten!
In diesen Stiefeln – wie *Zeugenmund*.

4

Das Liebesboot zerbrach am Sein.

Keinen Sechser setzt man
Auf so einen Banditen.
Dein Liebesboot, Genosse, stammt
Aus welchen Exerzitien?

Mit einem Boot, gar Liebesnachen
Umzukippen – welch Skandal!
Rasin – dir wohl gleich im Kragen –
Litt am Alltag weniger Qual.

Welche Neuigkeit – ein Mittel,
Sprudelnd wie ein Wasserhahn!
Junge, nicht sehr proletarisch
Ist das – eher à la Pan!

Lohnte denn, bei Gott und Mutter!
Dein Fluch um – Blut, nicht Morgenrot!
Vorzukehrn das Klassenfutter,
Das weiße, weils der Schluß gebot.

Kadettenwitz, der in der »Tosca«
Schoß – aus Melancholia!
Junge! Nicht nach Majakowski
Riecht das: bloß nach Schah.

Besser: Mützlein in die Augen
Und – leb wohl, meine Djanym!
Lebtest wie dein eigner Enkel
Und gingst wie – deine Ahnen hin.

Einst, wenn wir zum Richter
Treten, wird dich Scham zerfressen:
Sowjetwerther, Selbstvernichter.
Rußlands alte Adelsgeste.

Hieß es früher – Auf die Wache!
Liest man heute …
                                        Liebster Feind!
Keine neuen Liebesbarken
Gibt es unterm Mondschein.

5

Der Schuß – gezielt in die Seele,
Als wäre sie ein Feind.
Der Heide zerfetzte die Kehle
Des letzten Götterheims.

Noch einmal brillierte er.
Ins Schwarze – und entschlief.
Also doch ein Herz,
Wenn drüber nichts mehr lief.

(Bei Treffen – Ausländerscherze:
»Teufel nochmal! Bombending!
So haben die auch Herzen,
Und genau wie wir, links?«)

Der Schuß – gezielt ins Schwarze
Wie in ein Jahrmarktsbrett.
(Blessiert den Ohrenrand
Und dann die Frau ins Bett.)

Solch Schütze! Nicht daneben.
Und wenn frauenhalber – was machts.
Noch Helena, bei Licht besehen,
Geriet als Schlampe in Betracht.

Mit einem nur, dafür gehörig,
Hat der LEF-Mann uns bekehrt:
Der nur nach rechts zu röhren
Wußte, hat die Linke sich versehrt.

Wär rechts es gewesen – zügig
Skalpell: gesund der Mann.
Der Schuß – in den *linken* Flügel:
Den Sitz von »Zentralgesang«.

7

Viele Tempel zertrat er
Doch dieser ist ohne Vergleich.
Nimm, Herr, in ewigen Frieden
Die Seele Deines Feinds.

Savoyen, August 1930
Richard Pietraß

Der Kienspan

Der Eiffelturm – nah zum Greifen.
Greif, steig, nimm ihn in Besitz.
Doch jeder von uns sah zu Zeiten
Dinge, und sieht sie, sage ich, auch itzt,

Daß unschön uns und trostlos
Euer Paris sich zeigt.
»Rußland, oh du mein Rußland,
Warum brennt dein Licht so weit?«

Juni 1931
Elke Erb

Лучина

До Эйфелевой – рукою
Подать! Подавай и лезь.
Но каждый из нас – такое
Зрел, зрит, говорю, и днесь,

Что скушным и некрасивым
Нам кажется ваш Париж.
«Россия моя, Россия,
Зачем так ярко горишь?»

Strophen an den Sohn

1

Egal wohin, nicht Stadt noch Dorf –
Fahr du, Sohn, in dein Land
(Ins aller Länder Gegenland!) –
Wohin zurück, zurückgehn – vor-
Wärts heißts gehen für dich, du hast
Die Rusj noch nie gesehn, du sahst –
Was, mein Kind, sahst du ...

Meins? *ihr* Kind,
Ihr Kind ... nichts anderes als das Gras,
Mit dem Gewesenen sich bewächst,
Erdreich, zu Staub zerrieben, blaß –
Vielleicht dem Kind zur Wiege das
Auf Händen tragen, zitternd, taub:
»Dies ist – die Rusj, ehr diesen Staub!«

Von was dir nie Verlust war, geh.
Geh, Sohn, wohin die Augen sehn,
Aller-Länder-Augen, aller Welt
Augen, und deine! Blau, ein Zelt
(Augen, in denen ich mich seh),
Augen, die sehn: die Rusj. Die Rusj.

Neigen wir uns nicht vor Namen. Rusj –
Die Rusj den Alten, Rußland uns,
Euch, Aufklärer der Höhlen, der
Ruf wie ein Ruf: SSSR!
Nicht leiser rufend als ins Netz
Des Himmels aufruft: SOS.

Uns ruft die Heimat nicht. Mein Sohn.
Du fahr, fahr zu! Vorwärts – heim
In dein Land, dein Jahrhundert, deine Stunde,
In deins! ins aller-Rußland! Weg von uns.
Ins Unsre-Zeit-Land! ins Jetzt-eben-Land!
Ins auf-dem-Mars-Land! ins Land-ohne-uns!

2

Unsers – ist nicht euer Gewissen.
Schluß jetzt! Rührt euch! Schreibt
(Und alles vergessen!) selbst die Geschichte
Eurer Tage und Leidenschaften.

Lots steinerne Sippe, salzen und gelb,
Das ist euer Familienalbum!
Kinder! Macht eure Rechnung selber
Mit der nun für Sodom gehaltenen

Stadt. Du schlugst deinen Bruder nicht,
Deine Sache ist sauber, mein Junge!
Euer Land, eure Zeit, euer Licht –
Unser Kreuz, unser Streit, unsere Schuld unser

Zorn. Die ihr mit Waisenkitteln
Seit eurer Geburt bekleidet seid –
Hört auf, Totenfeiern zu richten
Für das Land Eden, in dem von euch

Keiner war! Von den Früchten keinen
Schimmer habt ihr gesehn! Begreift: blind
Ist, der euch auf Trauerfeiern
Fürs Volk führt, das Brot ißt, Kind:

Und euch davon gibt, wenn ihr, wie leicht –
Meudon verlaßt, und auf zum Kuban!
Unser Streit – ist nicht euer Streit!
Hör mich, Sohn: kämpft selber den Kampf

Eurer Tage.

3

Du wirst nicht unnütz sein,
Keine Null unter den Jungen,
Kein Kupferkönig, kein
Sportler, hohlköpfig, dumm –

Kein Blinder an der Straße,
Kein Requisit im Saal,
Kein Paar Kiefer, das
Mahlt und mahlt und mahlt

Und dem das alles ist.
Ich, Sohn, wach! Ich fahr
Als Sturm in jeden Riß.
Du sei kein Bourgeois.

Kein gallischer Hahn,
Den Schwanz als Pfand im Safe
Kein schmachtender Bräutigam
Einer Alten von Übersee –

Keiner der Zuende-
Geschriebenen, wie ein Brief,
Denen nur Gelächter
Blieb und Pfiff

Von den Vätern, nicht mehr ...
Auf *der* Seite der Waage erschein
Ich, schwarzerdig, schwer.
Du wirst kein Ausländer sein.

Aber auch nicht einer
Wie wir! Den Enkeln zur Last.
Sei irgendwas – Gott alleine ...
Und wenn nicht: Bürgschaft

Bin ich, die ich in dich goß
Wie mit Pumpen – die ganze Rusj!
Sohn, Gott sieht – schwör bei Gott:
Sei nicht Abfall und Ausguß

Deines Landes.

22. Januar 1932
Rainer Kirsch

* * *

Wir gehen auf keine Reisen – duundich
In zu stopfende Risse verkriechen – die Meere sich.
Alle Taschen zeigen bis auf den Pfennig kein Geld her.
Wir haben zu bleiben und kommen nicht auf ein Weltmeer.

Not, die einem das Leben auf trockene Brotrinden haut!
Wieder einen Sommer wie trockene Rinde gekaut!
Unser Ozean ist – ein vereister:
Unser Sommer – ein von andern verspeister!

Bei denen das Fett herausplatzt: Fett – ihr »Schick«,
und die nicht die Butter allein, die auch das Hirn verdrückt
haben, unseres! – Sonaten, Schwibbögen, Oden:
Kannibalen im Kleid Pariser Moden.

Die an uns sich delektieren – ein Franc der Schmaus.
O das Untier spült – wie mit Parfümwasser – aus
seine Kiefer sich: mit unsterblichen Liedern.
Seid verflucht ihr für all meine nieder-

drückende Schmach. Die Hand euch zu geben, gesinnt,
mit den fünf Fingern – undmitallenfünf
Sinnen – zu einem guten Gedenken –
übers Antlitz euch Handschriften! zu schenken!

Favières, 1932 – Sommer 1935
Elke Erb

Der Tisch

Aus einem Zyklus

Mein Schreibtisch, treuestes Ding!
Dank, daß du mit mir gingst
Alle Wege, und hast mich bewacht
Wie eine Schramme, tags, nachts.

Mein Lastesel Schreibtisch! Noch
Dank, daß du die Beine nicht bogst
Unter der Last; die Traumbürden – du
Hab Dank, daß du trugst und trugst.

Strengster der Spiegel im Land!
Hab Dank dafür, daß du standst –
Schwelle aller Lockung der Welt –
Allen Freunden verquer gestellt –

Allen Niedrigkeiten – ein Nicht!
Eichenes Gegengewicht
Dem Löwen des Hasses, dem Tier
Der Kränkung – allem, allem hier.

Mein zu Lebzeiten-Totenbrett!
Hab Dank, daß Du wuchst und wächst
Mit mir, mit der Schreibtisch-Arbeit
Größer wurdest, breit

Weit zu solcher Weiten Rund
Daß ich, mit offenem Mund
Festgekrallt an den Rand ...
Du überfloßt mich wie einen Strand.

Der mich nagelte fest vor Tag –
Dank dafür, daß du dich warfst
Mir nach. Auf den Wegen, fern, nah
Holtest du mich ein, wie der Schah

Die Flüchtige.
                    »Auf den Stuhl. Zurück!«
Dank, daß du hütetest mich
Und beugtest. Vergänglichem ab
Schlugst du mich wie der Ma-

gier die Schläferin.
                              Der die Male der Schlacht
Tisch, in Kolonnen gebracht,
Die brannten: der Adern Rot!
Chronik meiner Taten und Not!

Standbildstand, Munds Verschluß
Du warst mir Thron, Raum und Fluß
Warst das, was dem Judenvolk
Die Säule, die brennend rollt!

So sei gesegnet denn –
Mit Stirn, Ellenbogen, verknoteten
Knien – wie eine Säge gewußt –
Tischrand – Schnitt in die Brust!

Juli 1933
Rainer Kirsch

Der Garten

Für die Hölle hier,
All den Aberwitz,
Einen Garten mir
Schick zu guter Letzt.

Zu der Jahre Last:
Zu der Armut – Rest,
Der Gebeugten Frist,
Alter Arbeit – Rast.

Diesem Hundelos –
Eines Gartens Schoß.
Dem ergrauten Glühn
Frisches, kühles Grün ...

Für den Flüchtling schick
Mir den Garten – Glück:
Und kein Kein-Gesicht,
Keine Seele – nicht!

Garten: Keines Schritt!
Garten: Keines Blick!
Garten: Keines Pfiff!
Garten: Keines Griff!

Ohne Ohren auch
Schick den Garten du:
Keines Übels Hauch!
Und von Menschen Ruh!

Sprich: – Qual genug! – den Garten sieh:
So einsam, wie du selbst bist – nimm!
(Doch steh auch selbst nicht neben ihm!)
Er ist so einsam, wie ich bin.

Solch einen Garten – als Entgelt …
Jenen Garten?– Oder jene Welt?
Schick auf mein Alter ihn – zur Rast,
Daß ich die Seele gehen laß.

1. Oktober 1934
Elke Erb

* * *

Der Drang nach Haus! Ein dutzendmal
Absurdgeführtes Narrentreiben!
Mir ist es längstens so egal,
Wo ich vollkommen einsam bleibe,

Auf welchen Pflastersteinen heim
Ich torkle mit dem Einkaufsbeutel,
Ins Haus, das nichts vom Eigner weiß:
Spital, Kaserne armer Leute.

Mir ist es gleich, in welchem Ring
Mein Fell sich sträubt: umgarnter
Leu, aus welcher Menschen-Mitte
Gedrängt ich werde, ohne Erbarmen

Ins eigene Innre: Gefühlseremit.
Kamtschatka-Bär ohne Scholle:
Wo nicht einleben (ich müh mich nicht),
Wo demütigen, es spielt keine Rolle.

Auch wird mich nicht der Mutterton
Der Heimat narren – süße Zitze.
Mir ist es gleich, in welchem Idiom
Der Unverstand der Straße witzelt!

(Der Leser, der Schlucker des Bergs
Von Zeitungen, Melker des Klatschwunders ...)
Des zwanzigsten Jahrhunderts – ist er,
Und ich – vor jedem Jahrhundert!

Тоска по родине! Давно
Разоблаченная морока!
Мне совершенно все равно –
Где совершенно одинокой

Быть, по каким камням домой
Брести с кошелкою базарной
В дом, и не знающий, что – мой,
Как госпиталь или казарма.

Мне все равно, каких среди
Лиц ощетиниваться пленным
Львом, из какой людской среды
Быть вытесненной – непременно –

В себя, в единоличье чувств.
Камчатским медведём без льдины
Где не ужиться (и не тщусь!),
Где унижаться – мне едино.

Не обольщусь и языком
Родным, его призывом млечным.
Мне безразлично, на каком
Непонимаемой быть встречным!

(Читателем, газетных тонн
Глотателем, доильцем сплетен ...)
Двадцатого столетья – он,
А я – до всякого столетья!

Versteinert wie ein Stamm im Grund,
Der übrigblieb von Seinesgleichen:
Sie alle, mir – gleich, alles gleich, und
Mag sein, am allergleichsten,

Was mir ehmals am nächsten stand,
Die Male, die zeichnenden Flecken,
Die Daten, gelöscht mir von Hand:
Die Seele, geboren – an Irgendhecken.

Derart hat mich mein Land verheert,
Daß selbst der scharfäugigste Spitzel
Die ganze Seele, die Länge, die Quer,
Kein einzig Muttermal mehr findet.

Jedes Haus, mir fremd, jeder Dom, taub,
Und alles gleich, alles dieselbe Leere.
Aber wenn auf dem Weg – ein Strauch
Entflammt, vor allem Vogelbeere ...

1934
Richard Pietraß

Остолбеневши, как бревно,
Оставшееся от аллеи,
Мне всé – равны, мне всё – равно,
И, может быть, всего равнее –

Роднее бывшее – всего.
Все признаки с меня, все меты,
Все даты – как рукой сняло:
Душа, родившаяся – гдето.

Тáк край меня не уберег
Мой, что и самый зоркий сыщик
Вдоль всей души, всей – поперек!
Родимого пятна *не* сыщет!

Всяк дом мне чужд, всяк храм мне пус
И всё – равно, и всё – едино.
Но если по дороге – куст
Встает, особенно – рябина ...

Holunder

Der Holunder hat den ganzen Garten übergossen!
Der Holunder ist grün, grün durch die Zäune geflossen!
Grüner als die Haut auf den Wassertonnen!
So grün hat der Sommer gerade begonnen!
Grün himmlische Bläue verspricht!
Grüner Holunder: grüner sind meine Augen nicht!

Dann wird über Nacht die Lunte geworfen, der Garte loht
Er knistert. In den Augen ist es so rot
Vom perlenden Jubel jeder einzelnen Beerenscheibe.
Viel röter als Röteln am eigenen Leibe
Aus deinen verschwenderischen Poren, schöner Azur
Tagelang rieselnde Röte nur

Des Strauchs Holunder.
Rüttele nicht, rüttele nicht
Ach, welch kräftige Farben sind hier gemischt
Im kleinen Gefäß der Beere, und süßer als Gift.
Korallenzweiglein Ketten verführender Glanz, er trifft
Gemische roten Kattuns und höllischen Siegellacks
Vergossenen Blutes süßen Geschmack.

Der Holunder ist gerichtet, sein Blut ist geflossen!
Der Holunder hat den Garten ganz übergossen
Mit dem Blut der Jungen, dem Blute der Reinen
Mit Blut aus seinen Feuchthändenzweigen
Mit dem fröhlichsten allen Blutes, mit deinem
Schöndunklen Herzblut und meinem.

Danach aber ein körniger Wasserfall
Danach aber schwarzer Farben Zusammenprall.
Und pflaumenklebrig mit dunklen zweigen
Geneigt über die Pforte, die stöhnt wie zerbrochene Geigen
Am Haus, das leer ist, jahrelang ohne Rauch:
Der Zurückgebliebene, der Holunderstrauch.

Ein neuer Bürger meines Lands wieder werden!
Wegen der kleinen Holunderbeeren
Der Sehnsucht und meines farbigen Kindertraums;
Des Worts Holunder wegen, wie auch des Baums:
(Bis heute träum ich von ihm als meinem Vertrauten)
Und auch des Gifts wegen, eingesaugt von den Augen.

11. September 1931 – 21. Mai 1935
Sarah Kirsch

Das Haus

Kamilleumwuchert, umklettet
Höchst ungemütliche Stätte!
Mit dem besonderen Blick
Schwergemuter Seelen.
Haus, das der Stadt – sein Genick
Dem Wald die Brust zudrehte.

Auf Bärenart – gefällig
Auf Hirsches Art – gehörnt.
Haus, aus dem die Seelen
Aus allen Augen starrn.

Allen Fenstern! Von den giebelhohen
Bis zu den lehmvergnügten
Jedes Fenster – Ikone
Jedes Antlitz – Ruine
Und Arena ... Im Schatten
Der alten Kastanie, die Leben
Und Streben mir schaffte
Hat meine Luke gelegen.

Und die Hemden! Wir schwenkten
Sie überm zerschlagenen Leben!
O löchrige Hemden!
Ihr würdet ein Schlachtbild geben!

Gefecht ums Exi-stie-ren.
So – tagein, nachtaus –
Mit allen Ärmeln parieren
Die Hemden den Tod vorm Haus.

Kein Hockerheim, bequem
Kein Teegebäckgeruch.
Haus, das sich nicht schämt
Bei Streun- und Strolchbesuch:

Nicht schämen sich die Vögel
Des Turms, der sie barg zur Nacht ...
Haus, kein Exempeltempel
Dem Volk, das Rechnung macht!

Zwischen 27. Juli und 10. September 1935
Richard Pietraß

Sie nahmen

Die Tschechen traten auf die Deutschen zu und spuckten ...
(Vgl. Märzzeitungen 1939)

Sie nahmen schnell und mit Großmannsmut:
Sie nahmen den Berg und was unter ihm ruht.
Sie nahmen die Kohle, sie nahmen den Stahl,
Sie nahmen das Blei und sie nahmen Kristall.

Sie nahmen den Zucker, sie nahmen den Klee,
Sie nahmen die Ferne, sie nahmen die Näh,
Sie nahmen den Westen, sie nahmen den Nord,
Sie nahmen den Süden und Osten fort.

Sie nahmen den Honig, sie nahmen das Bad,
Sie nahmen das Heu und sie nahmen den Grat,
Sie nahmen das irdische Eden, jedoch:
Sie nahmen kampflos den Kampf uns noch!

Sie nahmen Geschütz, und sie nahmen Geschoß,
Sie nahmen uns Erze und Freund und Genoss' –
Wir haben noch Spucke, und die ist für sie:
Uns ganz zu entwaffnen, das schaffen sie nie.

9. Mai 1939
Karl Mickel

* * *

Klage des Zorns und der Liebe!
Salz, das auf Augen ruht!
Oh, und Böhmen in Tränen!
Oh, und Spanien im Blut!

O schwarzer Berg, der du das
Licht verdunkelt hast!
Zeit ists, Zeit, dem Schöpfer
Hinzuwerfen den Paß.

Ich weigre mich, zu leben
Im Tollhaus, unter Vieh.
Ich weigre mich, ich heule
Mit den Wölfen nie.

Ich weigre mich, zu schwimmen
Als Hai des Lands, stromab
Den Strom gebeugter Rücken –
Ich weigre mich, lehn ab.

Ablehn ich, daß ich höre,
Ablehn ich, daß ich seh.
Auf diese Welt des Irsinns
Gibt es nur eins: ich geh.

11. Mai 1939
Karl Mickel

* * *

»Ich hab den Tisch für sechs gedeckt …«
Arseni Tarkowski

Ich wiederhole ständig, zwanghaft fast
Und von dem Drang nach Widerspruch besessen:
»Ich hab den Tisch für sechs gedeckt …« Du hast,
Mein Freund, dabei den Siebenten vergessen.

Bekümmert seid ihr sechs, sitzt grüblerisch,
Mit Tropfen wie von Regen auf den Wangen …
Warum nur wolltest du an deinem Tisch,
Mein Freund, nicht mich, die Siebente empfangen?

Auf deinem Festmahl geht's nicht lustig zu,
Die offnen Münder der Karaffen gähnen.
Die Gäste trauern, trauernd schweigst auch du,
Die ungerufne Siebte steht in Tränen.

Warum so freudlos? Welches trübe Licht!
Ach, niemand ißt und keine Gläser klirren.
Du zähltest sechs und zähltest sieben nicht?
Was aber ließ dich in der Rechnung irren?

Die böse Absicht gar? Du wußtest doch,
Das sechs (die beiden Brüder, du daneben
Und deine Frau und deine Eltern noch)
Mit mir – ich existiere! – sieben geben!

Nun hast du deinen Tisch für sechs gedeckt,
Sechs Tote sollten sich bei Tisch vereinen.
Ich aber lebe, komme unentdeckt,
Ein Geist, den niemand wahrnimmt, zu den Deinen

(den Meinen) ...
                                        Diebgleich, heimlich, nah am Eck,
Bedacht, *nicht eine Seele* zu verletzen,
Will ich mich vor das siebente Besteck,
Das noch nicht aufliegt, still zu Tische setzen.

Da stürzt ein Glas! Und, lang gestaut, ergießt
Sich jäh ein Strom von Tränen durch die Lider,
Und alles Blut, aus allen Wunden fließt
Aufs weiße Tischtuch, tropft auf Kleider nieder.

Und wie durch eines Zauberers Gebot:
Das Haus der Wirklichkeit zurückgegeben.
Nicht anders als zum Hochzeitstanz der Tod
Kam ich zu euerm Nachtmahl, ich: das Leben.

... Wer bist du mir? Nicht Bruder, Sohn, nicht Mann,
Nicht Freund. Und dennoch zürne ich und streite:
Sechs *Seelen* botst du Platz bei Tische an
Und setztest mich nicht abseits an die Seite.

6. März 1941
Waldemar Dege

Der Drang nach Haus

Kein Schutzbrief und kein Ahn
Kein Falke steht ihr bei.
Sie geht – in ihrer Bahn –
Durch ihr entlegnes Reich.
M. Z.

Als im Mai 1922 die neunundzwanzigjährige Marina Zwetajewa, ältere Tochter ihrer 1906 an Schwindsucht gestorbenen Mutter, einer Pianistin, und ihres 1913 gestorbenen Vaters, Iwan Zwetajew, dem Gründer des Moskauer *Museums der schönen Künste*, des heutigen *Puschkinmuseums*, mit ihrer Tochter Ariadna in den Zug zur viertägigen Reise nach Berlin steigt, hofft sie, dort ihren im Bürgerkrieg verschollenen Ehemann Sergej Efron wiederzusehen. Sie hatten sich 1911 im Haus ihres Förderers des Dichters und Malers Maximilian Woloschin in Koktebel auf der Krim kennengelernt und ein Jahr später, sie neunzehn, er achtzehn, dort geheiratet. Der Sohn einer russisch-jüdischen Revolutionärsfamilie hatte sich nach der Niederlage der Weißen Armee, von Gallipoli über Konstantinopel nach Prag durchgeschlagen, wo er mit einem Stipendium der jungen tschechischen Republik studierte und Ilja Ehrenburg ihn ausfindig machte.

Nach drei Berliner Monaten am Prager Platz und in der Trautenaustraße – Marina traf sich mit Ehrenburg, fand Kontakt zu Andrej Bely und erlebte das Erscheinen ihres Gedichtbands *Werstpfähle* – ging es endlich nach Prag, von wo die wiedervereinigte Familie in die südlichen Vordörfer Horni und Dolni Mokropsy und Všenory zog.

Mit Hilfe der auch Marina gewährten Unterstützung, werden die drei Prager Jahre literarisch fruchtbar. Die Dichterin gewinnt die Freundschaft von Anna Tesková, der Übersetzerin und Vorsitzenden der Kultursektion der Prager Tschechisch-Russischen Gesellschaft. Sie genießt den hausnahen Wald und leidet unter der täglichen Mühsal des armseligen Haushalts. Leicht entflammt, verliebt sie sich, vehement und besitzergreifend. Die leidenschaftliche Affäre mit Konstantin Rodsewitsch, einem Offizier der Weißen Armee und Studienfreund ihres Mannes, droht ihre Ehe zu zerstören.

Gegenüber Max Woloschin erleichtert Sergej Efron sein Briefherz: »Ich bin zugleich Rettungsring und Mühlstein am Hals. Sie kann sich von dem Mühlstein nicht befreien, wenn sie nicht den letzten Grashalm ausreißen will, an dem sie sich festhält.« So entstehen die Liebeszyklen *Poem vom Berg* und *Poem vom Ende*, und, schon 1922, das magische Heimwehgedicht *Morgendämmerung überm Gleis*, mit seinem stampfenden Rhythmus: *Noch eh der Tag aufsteht / In fahler Leidenschaft / Errichte, aus Sumpf und Schwellen / Ich Rußland aus meiner Kraft. // Aus Sumpf und Sondenpfählen / Aus Sumpf und Siechgrau der Welt. / Noch eh der Tag aufsteht, / Der Wärter die Weichen stellt. // ... ... // Ohne Niedrigkeit, ohne Falsch: / Zwei Linien, die ins Ferne weisen ... / Da ist es, he! Halt fest! / Auf den Gleisen, auf den Gleisen ...*

Am 1. Februar 1925 bekommt Marina ihren ersehnten, bedingungslos verwöhnten Sohn, den sie nach dem so geliebten wie verehrten Dichter Pasternak gern Boris genannt hätte, wovon sie mit Rücksicht auf Sergej Efron jedoch abläßt und sich nach dem steinernen Ritter an der Karlsbrücke, dem Drachentöter, für *Georgij* entscheidet, den sie zärtlich *Mur* nennt. Pasternak schrieb sie: »Du kannst doch ein fremdes Kind lieben wie Dein eigenes? ... Boris, denk an mich und an ihn, segne ihn aus der Ferne. Und sei nicht eifersüchtig, denn er ist nicht ein Kind der Wonne.«

»Aber *noch* einen Winter in Všenory«, schreibt sie in ihrem Brief an die Pariser Vertraute Olga Tschernowa, »*will* ich nicht, kann ich nicht aushalten, schon beim bloßen Gedanken läuft es mir kalt den Rücken hinunter. Ich halte diese Schlucht nicht aus, dieses Unterdrücktsein, dieses Zugepfropftsein, diese Einsamkeit eines Hundes (in der Hundehütte!). Diese immergleichen (teilnahmslosen) Gesichter, diese immergleichen (vorsichtigen) Gespräche. Im Sommer ist es nicht so schlimm, da werde ich mit Georgij in den Wald gehen, Alja wird auf den Kinderwagen aufpassen, und ich werde auf den Hügel steigen. Im Winter aber entschieden weg von hier: Das Leben ist zu schwer, zu leer, zu trüb. Entweder nach Prag oder nach Paris.«

Im Oktober, Georgij ist noch ein Baby, erliegt sie der Pariser Verlockung. Die Besuchsreise wird zur Übersiedlung. Zu viert in ein, ihnen seitens der beengt wohnenden Familie von Murs Patentante überlassenes Zimmer gepfercht, was Marina jeglichen Nerv raubt, finden sie, wenige Stationen vom Gare Montparnasse, Wohnung in einem der südlichen Vororte: zunächst in Bellevue, dann, 1927, für fünf Jahre, im Zwillingsort Meudon. Die Wohnung scheint »bequem und billig: drei Zimmer (zwei ordentliche, ein kleines – das meins ist), ein Badezimmer, eine winzige Küche, wie ein Gorillakäfig ...)« Nach Marinas Geschmack auch der Name der Straße: Avenue Jeanne d'Arc und die Nähe des großen Hangwalds von Meudon, in den die Straße nach einer halben Stunde Fußweg hineinführt und anfangs noch von Spaziervolk wimmelt.

Sieht sich Marina bald von den Mühen einer kaum unterstützten jungen Mutter gefesselt und erschlagen, lebt sie auf ihre erste große Pariser Lesung hin, die in allen Emigrantenzeitschriften und sogar in der Berliner Tageszeitung *Rul* groß angekündigt wird. Innerhalb von Wochen eine Berühmtheit geworden, zieht sie lebhaftes Interesse auf sich. In der dichtbesetzten Halle feiert sie im Februar 1926 einen stürmischen Erfolg und festigt ihre Stellung als eine der bedeutendsten Dichterinnen der Emigration.

Diese Zeit intensiver Mitarbeit und Veröffentlichungen in Exilzeitschriften wie *Poslednije Nowosti* (*Neueste Nachrichten*) und *Wolja Rossii* (*Rußlands Wille*) ist bald vorüber. Schlüsselereignisse dieses einsetzenden Abgedrängt- und Ausgeschlossenwerdens sind der Parisbesuch und die Lesung Wladimir Majakowskis im November 1928 im *Café Voltaire*. Marina hat nicht nur seine Dichtung enthusiastisch besprochen, sondern wird auch auf die Frage »Was können Sie nach dieser Lesung über Rußland sagen?« antworten: »Die Kraft ist dort.« Das galt mehr seiner Dichtung als dem Staat, wird ihr aber als Propaganda ausgelegt, die sie in Acht und Bann schlägt. Den Rechten zu links und den Linken zu rechts, verliert sie viele ihrer Anhänger und gelangt zu dem bitteren Fazit: »So bin ich denn hier ohne Leser, in Rußland ohne Bücher.«

Mit dem drastischen Schwund ihrer wenigen Honorarquellen für ihre Übersetzungen und eignen Texte vergrößert sich die Not der Familie, auf deren Speisezettel bereits 1927 Fleisch fast nur noch in Form von Pferdefleisch vorkommt: Pferdeleber, Pferdelunge und Pferdenieren. Sergeij Jakowlewitsch verdient herzlich wenig als Filmvorführer und Aktivist der *Eurasier*, der Bewegung zur Heimkehr russischer Exilanten in die Sowjetunion.

Diese ist vom Geheimdienst unterwandert. Marina ahnt es nicht und will es nicht glauben, daß Sergeij in einen politischen Mord an dem abtrünnigen sowjetischen Spion Ignaz Reiss verwickelt sein soll. Sie kämpft um Fortdauer der nicht üppigen, doch beständigen tschechischen Unterstützung, die wiederholt kurz vor Ultimo das Überleben rettet. Marina versetzt alte Schmuckstücke, verfällt auf Soireen mit vorverkauften Eintrittskarten, zu deren Absatz sie den Kreis ihrer Gönnerinnen und Gönner nötigend einbezieht. Mit diesen, ihre Würde wahrenden, teils schlichten, teils aufgedreht dankenden Berichts- und Bettelbriefen verzögert sie das Sinken des leckgeschlagenen Familienschiffs.

Mieterhöhungen und fehlende Vorausreserven erzwingen so auch die Umzüge ins billigere Clamart und Vanves.

Wie ein Wunder erscheint es, daß sie, bevorzugt in die Quartiere russischer Ferienkolonien, zwischen 1926 und 1937 wie Franzosen im Sommer ans Meer fahren können: St. Gilles-sur-Vie, Pontaillac, La Favière par Bormes *Villa Wrangel* und Lacanau-Ocean. Marina, mit dem ihr nachgesagten ›ziegenleichten‹ Gang, mag das Meer nicht, genießt aber den Orts-, Luft- und Landschaftswechsel.

In einem Brief beschreibt sie stolz ihren neunjährigen Mur, der glänzend lerne, begabt sei, aber »nichts von einem Wunderkind« habe. Und berichtet von Alja, die trotz sechs Jahren Kunstschule für wenig Geld von morgens bis abends in irgendeiner Firma schufte und kränkele. So laste auf ihr »das ganze Haus. Drei mit Krempel vollgestopfte Zimmer, die Küche und zwei Kammern. Auf mir die Kocherei, auf mir der ganze Mur ... Ich bin immer mitten in diesem Dreck, immer mit Besen und Schaufel in der Hand, immer in Eile zwischen Bündeln, Kohle und Asche. Ein *lebendiger* Müllabladeplatz!«

Und aus Vanves an Anna Tesková: »In all diesen Tagen wollte ich mein Testament schreiben. Ob ich mit Mur gehe oder ohne Mur, in die Schule oder um Milch zu holen – in meinem Innern formen sich ganz von selbst – die Worte ... Ich habe vierzig Jahre gelebt, und da war niemand, der mich über alles auf der Welt geliebt hätte ... Ich hatte nie einen Menschen, auf den ich mich *verlassen* konnte.«

An den ausersehenen Testamentsvollstrecker Jurij Ivask: »*Vanves* ist *banlieu*, ein Vorort, 15 Minuten zu Fuß von der letzten Pariser Metrostation. Ruinen, 200 Jahre alt – ein Kastanienbaum vorm Fenster – ich ... Nach zwei Jahren unerträglichen Zusammenlebens ist meine Tochter – ohne sich auch nur umzudrehen – weggegangen, um zu leben und zu sein *wie alle*.«

So beginnt sich das Schicksals-, das Rückkehrrad zu drehen, das die ganze Familie mit sich reißt: »Ich lebe unter der dräuenden Wolke der Abreise. Noch ist nichts real, aber für Gefühle brauche ich nichts Reales. Ich spüre, daß mein Leben entzweibricht und daß dies seine letzte Etappe ist.« Schon jetzt empfindet sie »Entsetzen bei dem Gedanken an einen fröhlichen, selbstzufriedenen ... *unkindlichen* Mur – den Mund vollgestopft mit programmatischen Gemeinplätzen. Ich weiß, daß es sowieso zu einer Entfremdung kommen wird, und daß die hiesige Vulgarität der Jugend widerwärtiger ist als das dortige Basarowtum, – es ist nur eine Frage der Zeit: dort verläßt er mich *sofort*, hier gewährt er mir Aufschub.« ... »Sergej Jakowlewitsch kann ich nicht länger hier zurückhalten – tue es auch nicht – aber ohne mich will er nicht fahren. Ich an seiner Stelle würde sagen entweder – oder. Und selbstverständlich würde ich Ja sagen, wir wollen uns ja nicht trennen. Außerdem wäre ich allein mit Mur verloren.«

Im April 1937 ist es soweit: »Alja bekommt ihren Paß und macht sich an die Ausrüstung. Es helfen ihr alle: Ihr Vater, der sein letztes für sie hingab bis zu meinen Freundinnen. Plötzlich besaß sie alles: Pelzmantel und Unterwäsche und Bettwäsche und eine Uhr Koffer und Feuerzeug – und alles in bester Qualität und manches in riesiger Menge ... Ich habe noch nie in meinem Leben so viele neue Sachen auf einmal gesehen. Eine regelrechte Aussteuer. Da ich merkte, daß ich es mit den anderen nicht aufnehmen kann, schenkte ich ihr bescheiden das langersehnte eigene Grammophon, wofür ich am Tag vor der Abreise bis ans Ende der Welt fahren mußte, zum *Marché aux Puces* ... Im Waggon gab ich ihr das letzte Geschenk: ein silbernes Armband und eine Brosche mit einer Kamee und – für alle Fälle – ein kleines Kreuz. Die Abreise war fröhlich – so fährt man auf eine Hochzeitsreise ...« »Kommen Sie zur Ausstellung, liebe Anna Antonowna? Zwischen diesen Daten – der beiden Weltaustellungen – ging eine Welt zuende und begann eine neue. Ich blieb in der alten.«

Zum Wartezimmer der Ausreise wird im September 1938 das Pariser Hotel *Innova* am Boulevard Pasteur. »Vierter Stock, ohne Fahrstuhl. Dafür aber völlige Freiheit: Niemand schaut herein, niemand macht sauber, und da es keinen Besen gibt, haben sich allmählich überall Staubflöckchen gebildet – wie Lämmerwölkchen!! Und ich bin der Hirt ...«

12. Juni 1939, an Ariadna Berg: »Jetzt fahren wir – ich schreibe frühmorgens – Mur schläft noch, mich hat der zuverlässigste aller Wecker geweckt – das Herz ... Wir fahren ohne Geleit. Wie Mur sagt – ›ni fleurs ni couronnes‹ (*weder Blumen noch Kränze*) – wie die Hunde – so sage ich, traurig (und grob). Man hat es uns nicht erlaubt, doch meine engsten Freunde wissen es und geben uns *innerlich* Geleit.« An Anna Teschková, im noch stehenden Zug: »Ich schreibe auf dem Handteller ... Zum Abschied saßen Mur und ich nach alter Sitte eine Zeitlang vor der leeren Wand, wo die Ikone hing und bekreuzigten uns (sie ist in guten Händen, sie lebte und reiste mit mir seit 1918 – nun, einmal muß man sich von allem trennen: *ein für allemal* ... So endet ein Lebensabschnitt von 17 Jahren. Wie glücklich war ich damals! Die glücklichste Periode meines Lebens aber war – vergessen Sie es nicht! Mokropsy, Všenory und jener heimatliche Berg. Wir nähern uns Rouen, wo einst die Dankbarkeit der Menschen Jeanne d'Arc verbrannte. (Eine Engländerin hat 500 Jahre später am selben Ort ein Denkmal aufgestellt.) Rouen ist hinter uns – »*racte dále*« ... Jetzt aber fahre ich mit *Ihrer* Halskette, mit

einem Mantel mit *Ihren* Knöpfen, und am Gürtel trage ich *Ihre* Spange. All diese bescheidenen und wahnsinnig geliebten Dinge nehme ich mit ins Grab, oder ich lasse mich mit ihnen verbrennen. Auf Wiedersehen! Jetzt ist es nicht mehr schwer, jetzt ist es schon – schicksalhaft. Ich umarme Sie und die Ihren, jeden einzeln und alle zusammen. Ich liebe Sie und labe mich an Ihnen. Ich glaube an Sie wie an mich selbst.« –

Als die Schiffs- und Bahnreisenden eine Woche später in Moskau ankommen, werden sie (Schwester Anastasia ist schon im Lager) von Alja am Zug erwartet und fahren mit ihr nach Bolschewo, einer Datschensiedlung zwanzig Kilometer nördlich Moskaus, in der Sergej Efron eine Haushälfte zugewiesen wurde, in der sie nun mit-, fast aufeinander, hausen. Denn auch Aljas Freund Mulja (der die Familie ausspioniert) hat sich ihnen zugesellt. Alja fährt morgens zur Arbeit, während die übrigen schwitzend der Sommerhitze trotzen, um abends die Strahlende und Bepackte von der Bahnstation abzuholen. Doch das Idyll dauert allzukurz. In der Nacht zum 27. August, Marina liest noch oder hat schon das Licht gelöscht, Alja und Mulja schlafen schon oder sind noch wach, als ein Auto vorfährt, dessen Insassen Einlaß erzwingen. Sie verhaften Alja, die sich tapfer lächelnd fügt. Schon Anfang Oktober, gegen Morgen, ist Sergej Jakowlewitsch an der Reihe. Beide wird Marina nicht wiedersehen. Mit Mur flieht sie aus dem Glaskäfig und kriecht bei Sergejs Schwestern unter, bei denen schon Alja Zuflucht gefunden hatte. Fortan steht Marina in der Warteschlange, um den beiden, Geld, Lebensmittel oder wärmende Sachen zukommen zu lassen. Und den Schrecken zu erfahren, als diese abgesparten Gaben nicht mehr angenommen werden. Nun kämpft sie um Murs und ihr Überleben. Erfolge wie ihre ersten seit 1927 in Rußland veröffentlichten Gedichte, ihre Aufnahme in den *Grupkom* der Schriftsteller des *Goslitizdat* und die Aussicht auf Veröffentlichung eines Gedichtbands, werden mit Kriegsbeginn zunichte. Wie das ganze Land konzentriert sich Moskau auf drakonische Gegenwehr und Evakuierung der Unsicheren und Schwachen, tausend Kilometer hinter die Kampflinien. Im Bestreben, Mur zu retten, betreibt Marina ihrer beider Evakuierung nach Tatarstan, wohin auch eine große Gruppe Moskauer Schriftsteller ausgesiedelt wird. Doch im Gegensatz zu denen, die organisiert in Tschistopol an der Kama unterkommen, schickt man die beiden ins Schiffsstunden entfernte Jelabuga, wo sie isoliert sind und Marina keinerlei Brotarbeit zu finden vermag. Bittbriefe an Behörden und Einflußreiche und auch die zweitägige Pilgerfahrt nach Tschistopol schlagen fehl. Selbst ihr verzweifeltes Gesuch, sie in der Kantine des *Litfond* als Tellerwäscherin anzustellen, findet kein offenes Ohr. Erschöpft, bedrängt von Vorwürfen Murs und, wie man heute weiß, Erpressung durch den Geheimdienst, setzt sie, während die Wirtin und Mur am 31. August um einen Laib Brot dem Aufruf zum Arbeitseinsatz auf dem Flugplatz folgten, allein im Haus, ihrem Leben am schon lange gesuchten Haken ein Ende.

> Murlyga! Verzeih mir, doch weiterzumachen wäre schlimmer. *Ich bin schwer krank*, das bin nicht mehr ich. Ich liebe Dich wahnsinnig. Versteh, daß ich nicht mehr leben kann. Sag Papa und Alja, wenn Du sie siehst, daß ich sie bis zur letzten Minute geliebt habe, und erklär ihnen, daß ich *in eine Sackgasse geraten bin.*
>
> *Mama*

Sergej Efron wird fünf Wochen später in der *Lubjanka* erschossen. – Mur, der nach Schulbesuch in Tschistopol und Taschkent, am Moskauer Gorkiinstitut studierte, muß in den Krieg: »Ich führe das Leben eines einfachen Soldaten, teile seine Strapazen und Nöte. ... J. Romains, Duhamel und Céline waren auch einfache Soldaten. Das macht mir Mut.« Als Sanitätssoldat der Ersten Baltischen Front wird er am 7. Juli 1944 bei Polozk in Weißrußland verletzt und stirbt neunzehnjährig.

Alja wird nach sechzehn Jahren Straflager und Verbannung, in der sie aus einem sibirischen Dorf am Jenissej bewundernswerte Briefe an Pasternak schreibt, 1955 entlassen und mit ihrem Vater rehabilitiert. Ihre verbleibende Kraft widmet sie dem literarischen Vermächtnis ihrer Mutter und ihren Erinnerungen. Sie stirbt 1975 in Tarussa, wo Marina ihre Kindheit verbrachte und auf dem Chlysten-Friedhof beerdigt werden wollte: »unter einem Holunderstrauch, in einem Grab mit einer silbernen Taube, wo die größten und rotesten Walderdbeeren unserer Gegend wachsen.«

Richard Pietrass

Inhalt

Quellen: *Der Dichter, Versuch einer Eifersucht, Strophen an den Sohn, Der Tisch, Holunder, Wir gehen auf keine Reisen ..., Klage des Zorns und der Liebe ..., Sie nahmen*, »Poesiealbum«, Heft 81, Hrsg. von Fritz Mierau, Verlag Neues Leben, Berlin 1974. – *Für Alja, Morgendämmerung überm Gleis, Poem der Vorstadt, Der Kienspan, Der Drang nach Haus ...*, »Maßlos in einer Welt nach Maß«, Hrsg. von Edel Mirowa-Florin, Volk und Welt, Berlin 1980. – *Für Majakowski*, »Gedichte, Prosa«, Hrsg. von Fritz Mierau, Verlag Philipp Reclam, Leipzig 1987. – *Die Muse, Die Wehen beginnen zu weichen, An Berlin, Prag, Zu früh – um nicht zu sein ..., Lärme nicht, Lob ..., Der Garten, Das Haus, Ich wiederhole ständig, zwanghaft fast ...*, »Ausgewählte Werke«, Band 1: »Lyrik«, Hrsg. von Edel Mirowa-Florin, Volk und Welt, Berlin 1989.

Die russischen Originale der Gedichte *Morgendämmerung überm Gleis, An Berlin, Der Kienspan* und *Der Drang nach Haus ...* folgen der Ausgabe Marina Zwetajewa, »Sotschinenija«, Band 1: »Stichotworenija, poemy, dramatitscheskie proiswedenija«, Hrsg. von Anna Saakjanz, Verlag Chudoschestwennaja literatura, Moskau 1980; die Briefzitate dem Buch Marina Zwetajewa, »Im Feuer geschrieben: Ein Leben in Briefen«, herausgegeben und aus dem Russischen übersetzt von Ilma Rakusa, Suhrkamp Verlag, Frankfurt am Main 1992.

Erste Auflage Berlin 2019

Umschlag-Zeichnung von Anni von Bergen, Berlin
Gestaltet und gesetzt von Tom Mrazauskas, Berlin / Riga
Verwendet wurde die Schriften:
Bely, entworfen von Roxane Gataud, TypeTogether, Prag / Paris,
Plan Grotesque, entworfen von Nikola Djurek, Typotheque, Den Haag / Zabok
Die Herstellung übernahm Hermann Zanier, Berlin
Gedruckt und gebunden von ArtDruk, Szczecin

ISBN 978-3-932109-94-2

www.friedenauer-presse.de